Wie gut kennst Du mich?

166 Fragen für Paare und solche, die es werden wollen…

Impressum

Bibliografische Information der Deutschen Nationalbibliothek:
Die Deutsche Nationalbibliothek verzeichnet diese Publikation in der Deutschen
Nationalbibliografie; detaillierte bibliografische Daten sind im Internet über http://dnb.dnb.de
abrufbar.

Herstellung und Verlag: BoD – Books on Demand, Norderstedt

ISBN: 978-3-7543-1043-4

Vorwort

Hallo mein Lieber/Hallo meine Liebe,

vielen Dank, dass Du Dir dieses Buch zugelegt hast. Bevor Du allein oder mit Deinem Partner oder Deiner Partnerin loslegst, gebe ich Dir noch einige Tipps an die Hand.

Zunächst ganz pragmatisch. Wie Du vielleicht schon gesehen hast, hast Du in diesem Buch kaum Raum die Fragen zu beantworten. Der Grund dafür ist ganz einfach. Wenn ich diesen Raum noch geschaffen hätte, wäre dieses Buch (etwas übertrieben formuliert) so dick wie die Bibel geworden. Daher habe ich lediglich die Fragen als Stand alone niedergeschrieben.

Beantworte die Fragen daher nebenbei auf einem Block oder hole Dir ein Begleitbuch. Schaue dazu gern auf meiner Homepage vorbei. Da wirst Du ein passendes Begleitbuch finden.

Zu den Fragen selbst rate ich Dir, das Buch nicht auf einer Feier unvorbereitet herauszuholen und mit allen als Partyspiel durchgehen zu wollen. Dafür sind es einfach zu viele und es haben nicht alle Fragen einen lustigen Hintergrund. Natürlich sind auch solche dabei. Genauso findest Du jedoch auch Fragen, die sehr ernst sind.

Jetzt wünsche ich Dir und Deinem Partner oder Deiner Partnerin viel Vergnügen bei der Lektüre.

Dein Kim Becker!

Wie gut kennst Du mich?

166 Fragen für Paare und solche, die es werden wollen…

Partner/in A:

Partner/in B:

Zeitraum:

A Identität - Was ist Deine sexuelle Identität?

1. Hast Du schon einmal sexuelle Erfahrungen mit dem gleichen respektive dem anderen Geschlecht oder einem/r Transgender-Mann/-Frau gemacht? Und wenn ja, wie war es und würdest Du es erneut erleben wollen?

2. Wie viele Geschlechter gibt es in Deinen Augen? Der Klassiker Mann und Frau oder gibt es noch viel mehr?

3. Hast Du Dir schon einmal vorgestellt, dem anderen Geschlecht anzugehören oder Transgender zu sein?

4. Denkst Du in Deinen Augen ausdrücklich wie ein Mann/eine Frau oder hast Du auch Züge des anderen Geschlechts in Dir?

5. Findest Du Dragqueens interessant oder eher wunderlich?

6. Mann: Du lernst beim Ausgehen eine wunderschöne und interessante Frau kennen. Ihr geht zu Ihr auf einen Absacker in ihre Wohnung. Dort werdet Ihr intim und Du stellst fest, dass sie einen Penis hat. Wie reagierst Du?

In einem anderen Szenario eröffnet Dir Dein postoperatives Date, dass sie früher ein Mann war. Frau: Dein Date offenbart Dir, früher eine Frau gewesen zu sein.

7. Sollte der Mann den ersten Schritt machen und die Frau ansprechen? Oder ist das heutzutage auch Frauensache?

8. Sollten Mann und Frau in jeder Hinsicht gleichberechtigt sein? Oder gibt es für Dich irgendwelche Ausnahmen?

9. Dein bester Freund/Deine beste Freundin outet sich vor Dir als homosexuell. Wie reagierst Du oder wie hast Du reagiert, als Du es erlebt hast?

10. Hast Du generell Berührungsängste mit homosexuellen Menschen (oder endet Deine Akzeptanz bei Deinem besten Freund oder Deiner besten Freundin)?

11. Glaubst Du, dass sich die sexuelle Orientierung im Laufe des Lebens ändern kann?

12. Denkst Du, dass lesbische und schwule Paare weniger Probleme haben als heterosexuelle Paare?

13. Glaubst Du, dass gleichgeschlechtlicher Sex intensiver ist?

Beispiel: Das klassische Vorurteil, dass eine Frau genau weiß, wie sie es einer anderen Frau "besorgen" muss.

14. Stellst Du Dir die Frage, wie sich Sex für Deinen Partner/Deine Partnerin anfühlt? Oder achtest Du nur auf Deinen Lustgewinn?

15. Sind beide Partner für die Verhütung verantwortlich oder nur der Mann/die Frau?

16. Cross Dressing: Würdest Du als Mann auf eine Party gehen, wo Du als Frau bekleidet hingehen müsstest und umgekehrt? Und was würdest Du tragen?

17. Umgibst Du Dich lieber mit gleichgeschlechtlichen Menschen oder spielt das für Dich keine (nur eine untergeordnete) Rolle?

18. Gibt es für Dich einen Beruf oder Sport der typisch männlich/weiblich ist?

19. Wie stehst Du zum Genderpay Gap in vielen Berufen? Berechtigt oder Relikt aus der Vergangenheit?

20. Wie stehst Du zur gleichgeschlechtlichen Ehe?

21. Dürfen gleichgeschlechtliche Paare ein Kind großziehen?

Beispiel: Die Adoption eines Kindes durch ein gleichgeschlechtliches Paar. Ein anderes Szenario wäre vielleicht, dass ein Elternteil sich scheiden lässt und die folgende Beziehung dieses Elternteils ist gleichgeschlechtlich. Treiben wir das Beispiel noch ein wenig auf die Spitze: Der andere Elternteil stirbt und es ist als Vormund nur noch der homosexuelle Elternteil als Erziehungsberechtigte/r übrig.

B Körper - Wohin mit den Augen? Was gefällt Dir…

1. Wo schaust Du zuerst hin, wenn Dir eine Person ins Auge sticht? Den Hintern, den Bauch und die Brust, die Augen oder Hände vielleicht? Wo hast Du bei Deinem Partner/Deiner Partnerin zuerst hingesehen? Und ist Dein Partner/Deine Partnerin heute immer noch attraktiv für Dich?

ACHTUNG: Unter Umständen ist die letzte Frage sehr förderlich für einen Streit!

2. Frau: Waschbär oder Waschbrett. Was gefällt Dir bei einem Mann?

Diese Frage kannst Du auch als heterosexueller Mann für Dich beantworten. Dabei geht es nicht darum, dass Du Dich für gleichgeschlechtliche Liebe interessieren sollst. Es geht vielmehr darum, die Welt Deiner Partnerin wahrzunehmen. Mann: Tiny oder Chubby. Was gefällt Dir bei einer Frau, magst Du zierliche Damen oder darf es ruhig etwas mehr sein? Auch hier geht es nicht darum, dass Du die gleichgeschlechtliche Liebe für Dich entdecken sollst, sondern um die Erweiterung Deines Horizonts. Die Frage gilt zudem natürlich genauso für die Anziehungskraft von Frau zu Frau und Mann zu Mann.

3. Was gefällt Dir körperlich und was charakterlich besonders an Deinem Partner/Deiner Partnerin?

4. Würdest Du Deinen Partner/Deine Partnerin umstylen, wenn Du dürftest? Gemeint ist die Frisur, Bartwuchs, Kleidung etc. Sprich alles, was sich ohne Probleme rückgängig machen lassen könnte.

5. Bist Du mit Deinem eigenen Körper glücklich? Was gefällt oder missfällt Dir besonders? Bist Du besonders sensibel, wenn ein Körperteil von Dir gelobt/negativ kritisiert wird?

6. Wie stehst Du zum Thema Schönheits-OP? Für Dich und Deinen Körper. Für den Körper Deines Partners/Deiner Partnerin. Wie siehst Du generell die plastische Chirurgie in Folge eines Unfalls? Ist sie in einem solchen Fall berechtigt in Deinen Augen?

Beispiel: Unschöne Narben

7. Magst Du künstliche, lange Fingernägel? Bei Dir, bei Deinem Partner/Deiner Partnerin.

Geh da nicht nur auf Pragmatismus ein. Beispiel: Einerseits weiß jeder, dass lange Fingernägel im Büro an einer Tastatur für die meisten von uns eher hinderlich sind oder es wären. Andererseits gilt das nicht für jeden Menschen. Geh hier stattdessen auf den optischen Reiz ein. Das Ziel ist möglicherweise herauszufinden, ob lange Fingernägel temporär oder einmalig Dein Sexualleben bereichern könnten.

8. Wenn Du Tattoos oder Piercings hast: Haben diese eine besondere Bedeutung für Dich oder dienen sie lediglich als Schmuck?

9. Magst Du Piercings, Intimpiercings und/oder Tattoos bei Deinem Partner/Deiner Partnerin?

10. Magst Du Bodypainting oder würdest Du es gern einmal ausprobieren? Und wenn ja, möchtest Du der Maler/die Malerin sein oder die Leinwand?

11. Magst Du ein ausgiebiges Vorspiel oder gibt es Situationen, in denen Du ganz einfach nur ficken willst (schnell, hart und hemmungslos)?

12. Wie oft brauchst Du Sex am Tag/in der Woche/im Monat?

13. Wenn Du auf ein langes Vorspiel stehst: Wie sieht das aus? Erstelle hier gern eine Reihenfolge. Die muss und kann natürlich nicht in Stein gemeißelt werden. Geh einfach in Dich und genieße die aufkommenden Gedanken. Was könnte Dein Partner/Deine Partnerin Dir Gutes tun beim Vorspiel? Oder vielleicht könnte er/sie Dich etwas quälen? Betrachte diese Frage gern als Gedankenexperiment. Wenn Du sexuelle Erregung verspürst, lasse sie zu. Auch oder gerade wenn Du Dich gerade an einem öffentlichen Ort wie der Universität, in der U-Bahn oder am Arbeitsplatz befindest.

Beispiel: Du sitzt in der U-Bahn und startest das Gedankenexperiment. Dein/Deine Partner/in beginnt Dich in Deinen Gedanken zu verwöhnen. Du schweifst ab, verlässt die Realität und atmest vielleicht etwas schwerer. Du willst masturbieren, aber kannst es nicht. Der aufkommende Orgasmus bleibt Dir für den Augenblick versagt. Die Plätze in der U-Bahn um Dich herum sind besetzt und Du fühlst Dich vielleicht ertappt.

Geh in Dich und erforsche Deine Gefühle. Willst Du das gern wieder erleben? Möchtest Du, dass Dein Partner/Deine Partnerin das Gleiche erlebt? Oder möchtest Du, dass Dein Partner/Deine Partnerin die Kontrolle in diesem Gedankenexperiment übernimmt? Denn auch das ist absolut möglich, wenn Du die Logik außen vor lässt.

14. Frage Deinen Partner/Deine Partnerin direkt: Hast Du eine erogene Zone oder Stelle, die mir unbekannt ist?

15. Vaginal oder klitoral. Bevorzugst Du einen Orgasmus und wenn ja, warum?

Und zwei Fragen nur für die Herren der Schöpfung: Kommst Du lieber in der Vagina, dem Mund oder dem Anus Deines Sexualpartners (m/w/d)? Spürst Du einen Orgasmus nur in Deinen Genitalien oder kannst Du ihn auch in anderen Körperregionen wahrnehmen?

16. Wie oft kannst Du kommen? Und wie lange braucht es, bis Dein Akku wieder voll ist?

17. Ist Dir die weibliche Ejakulation suspekt oder magst Du es (gemeint ist das sogenannte Squirting)?

18. Hast Du beim Sex die Augen lieber geschlossen oder geöffnet?

19. Ist die Penis- oder die Körbchengröße für Dich wichtig?

Und bist Du mit Deiner eigenen Ausstattung zufrieden?

20. Magst Du Sex während der Periode?

21. Magst Du Oralsex? Und wenn ja, magst Du es passiv oder aktiv? Warum gefällt Dir Oralsex so gut? Beispiel: Dir gefällt es, wenn Deine Genitalien verwöhnt werden. Vielleicht beobachtest Du Deinen/Deine Partner/in gern. Oder verleiht es Dir ein Machtgefühl? Wenn Du so empfindest, teile dies Deinem Partner/Deiner Partnerin mit.

Umgekehrt könntest Du selbst das Gefühl haben, Deinen Partner oral befriedigen zu "müssen". Vielleicht aufgrund einer Fantasie der Unterwerfung?

22. Magst Du Zungenküsse nach dem Oralverkehr?

23. Feucht und aggressiv. Wie nass und fordernd darf ein Zungenkuss für Dich sein?

C Erfahrungen - Was hast Du erlebt und wie hat es Dich geprägt?

1. Hattest Du schon oder würdest gern einmal einen ONS (One-Night-Stand) haben?

2. Gab es in Deinem Leben schon einmal eine Freundschaft mit Sonderleistungen (eine Freundschaft + Sex)?

3. Kennst Du die genaue Anzahl Deiner bisherigen Sexualpartner?

4. Hast Du eine sexuelle Erfahrung gemacht, auf die Du lieber verzichtet hättest?

Hier ist keine sexuelle Gewalt gemeint, sondern so schlechter Sex. So schlecht, dass Du stattdessen beispielsweise lieber den Haushalt gemacht hättest.

5. Hast Du schon einmal etwas mit jemand anderem ausprobiert, was Du mit Deinem Partner/Deiner Partnerin noch nie gemacht hast? Und wenn ja, was war es und vermisst Du es?

6. Taschengeld: Hast Du schon einmal für Sex bezahlt oder Dich bezahlen lassen? Oder würdest Du es gern einmal ausprobieren?

ACHTUNG: Das kann auch als Rollenspiel von Euch gemacht werden. Beispiel Edelhure: Triff Deinen Partner/Deine Partnerin dazu im Restaurant eines Nobelhotels. Tut so, als würdet Ihr Euch nicht kennen und verhandelt über den Preis und welche Dienste geleistet werden sollen. Geht dann auf das Zimmer (eine Nacht zu buchen reicht völlig aus) und habt Spaß.

Beispiel Straßenstrich: Triff Deinen verzweifelten Partner oder Deine verzweifelte Partnerin an der Bushaltestelle. Er/Sie erzählt Dir davon, dass er/sie die Nacht unter der Brücke verbringen musste, weil er/sie plötzlich vom Partner herausgeworfen wurde. Jetzt weiß er/sie nicht wohin.

Wer den/die Obdachlose/n spielt, sollte vielleicht alte Klamotten anziehen. Die dürfen ruhig dreckig sein und muffeln. Ein oder zwei Tage nicht zu duschen vor dem Spiel ist ebenso reizvoll. Gütig nimmst Du ihn/sie dann mit nach Hause und gibst ihm/ihr etwas zu essen in der Küche. Anschließend muss er/sie jedoch duschen, da er/sie schließlich nicht aus Nächstenliebe bei Dir sein darf. Er/Sie muss Dich vollends befriedigen. Wenn der obdachlose Part von Euch seine/ihre Rolle auch noch devot spielt, steht einer heißen Nacht oder gar einem ganzen Wochenende nichts im Wege.

7. Wer war Dein erster Schwarm? Und wie alt warst Du beziehungsweise er/sie?

8. Wie alt warst Du bei Deinem ersten (Zungen-)Kuss? Und hat es Dir gefallen?

9. Hast Du schon einmal jemandem etwas anonym zum Valentinstag geschenkt? Und hast Du Dich offenbart als Schenker/in?

10. Wie alt warst Du bei Deinem ersten Mal? Und hast Du es Dir genau so vorgestellt?

Beispiele: War es mit der ersten großen Liebe oder mit einem gefühlvollen Partner/einer gefühlvollen Partnerin? Oder wurdest Du (vielleicht besoffen) auf einer Party entjungfert?

11. Hast Du selbst schon einmal jemanden entjungfert? Und wenn ja, war es eine angenehme Erfahrung für Dich?

12. Was war Dein peinlichstes Erlebnis? Beispiel: Du hast laut gefurzt, als Du geleckt wurdest/einen geblasen bekommen hast.

13. Hattest Du (als Teenager) verbotenen Sex?

Beispiel: Mit Deinem Lehrer/Deiner Lehrerin oder dem Freund Deiner besten Freundin/der Freundin Deines besten Freundes.

14. Warst Du schon einmal mit jemandem zusammengeblieben, obwohl der Sex schlecht war und es auch nicht besser wurde? Vielleicht, weil er/sie als Mensch toll war.

15. Hast Du schon einmal einen Orgasmus vorgetäuscht?

16. Frau: Hattest Du schon einmal einen multiplen Orgasmus?

Mann: Bist Du schon einmal ohne Samenerguss zum Orgasmus vorgedrungen?

17. Wurdest Du schon einmal beim Sex erwischt?

Von wem und wie ging es dann weiter? Hier ist nicht gemeint, dass es dann in einem wilden Dreier etc. geendet ist. Gab es beispielsweise eine Standpauke Deiner Mama/Deines Papas?

18. Hast Du schon einmal vorgetäuscht einen Freund/eine Freundin zu haben, obwohl Du Single warst?

19. Hast Du schon einmal eine falsche Telefonnummer gegeben oder erhalten? Und falls Du eine falsche Nummer erhalten hast, wie bist Du damit umgegangen?

20. Was war der schlimmste Korb, den Du erhalten hast? Und was war der schlimmste Korb, den Du gegeben hast?

21. Hast Du schon einmal Deine körperlichen Reize benutzt, um Deinen Vorteil daraus zu ziehen?

22. Hast Du schon einmal ein: "Das würde ich mich im Leben nicht trauen!" getan?

ACHTUNG: Es muss nicht unbedingt sexueller Natur sein.

23. Hast Du den Sex schon einmal unterbrochen, weil Du auf's Klo musstest? Und wie hat Dein Partner/Deine Partnerin reagiert?

24. Wie lief Dein schlimmstes Date ab? Konntest Du der Situation entkommen?

25. Das Ganze im Netz: Was war Deine schrägste Situation beim Online-Dating?

26. Hast Du schon einmal eine Sexseite besucht wie die aus der nächtlichen Fernsehwerbung?

27. Warst Du schon einmal geil in einer ungünstigen Situation? Beispiele: Beim Vorstellungsgespräch, als Trauzeuge/Trauzeugin etc.

28. Hast Du schon einmal Strip-Poker oder etwas Ähnliches gespielt? Und wer war die andere Person oder die anderen Personen? Und warst Du am Ende nackt?

29. Haben sich schon einmal Deine Nachbarn über Deine Lautstärke beim Sex beschwert?

30. Hast Du Dich beim Sex schon einmal verletzt? Musstest Du deswegen zum Arzt?

D Fantasien - Welcher Film läuft in Deinem Kopfkino?

1. Hast Du eine geheime Fantasie, die Du noch nie jemandem mitgeteilt hast? Und möchtest Du sie vielleicht auch nur ein einziges Mal in Deinem Leben in die Tat umsetzen?

2. Stehst Du auf erotische Garderobe? Gemeint sind beispielsweise Dessous, Lack, Latex oder Leder.

3. Hättest Du schon einmal Sex mit verbundenen Augen oder würdest es gern einmal ausprobieren?

4. Magst Du BDSM (Bondage, Disziplin, Dominanz und Submission, Sadismus und Masochismus)? Und wenn ja, bist Du eher dominant oder lieber devot? Oder reizt Dich der Rollenwechsel, der sogenannte Switch zwischen den beiden Typen?

5. Stehst Du auf Pornos? Und wenn ja, hast Du eine Rubrik, die Dich besonders reizt?

6. Würdest Du gern selbst einmal in einem Porno mitspielen? Und wenn ja, welche Rubrik oder welchen Fetisch würdest Du gern drehen?

Beispiele: Gangbang, Natursekt, Sexspielzeug etc.

7. Magst Du Sex in der Sicherheit der eigenen vier Wände oder magst Du es auch an aufregenden Orten? Reizt Dich der Gedanke erwischt werden zu können?

8. Denkst Du beim Sex ausschließlich an den Partner oder die Partnerin mit dem/der Du gerade Sex hast?

9. Magst Du es beim Sex beobachtet zu werden?

10. Masturbierst Du gern vor Deinem Partner oder siehst ihm/ihr gern dabei zu? Wie stehst Du zu gemeinsamer Selbstbefriedigung?

11. Beobachtest Du andere gern beim Sex? Und wenn ja, heimlich oder lieber als Zuschauer in der ersten Reihe?

12. Würdest Du gern einmal Deinen Partner oder Deine Partnerin beim Sex mit einem oder mehreren anderen Menschen beobachten?

13. Hast Du eine sogenannte Fickliste (Sex mit Menschen verschiedener ethnischer Herkunft, gleichgeschlechtliche Liebe etc.)?

14. Mit welchen prominenten Persönlichkeiten hättest Du gern einmal Sex?

15. Der berühmte Dreier. Hast Du das erlebt oder würdest es gern? Und wenn ja, wie wäre die Verteilung der Geschlechter (m/w/d)?

16. Hast Du schon einmal einen Swingerclub besucht oder würdest es gern?

17. Stehst Du auf frivoles Ausgehen? Beispiele: Keine Unterwäsche beim Date tragen oder transparente Blusen. Auch Pumps, Lack und Leder etc. in der Öffentlichkeit zu tragen zählt dazu.

18. Magst Du Uniformen? Und wenn ja, welche? Militär, Polizei oder Feuerwehr? Deiner Fantasie sind keine Grenzen gesetzt.

19. Magst Du Rollenspiele?

Vielleicht mit mehreren Personen privat oder gar in einem Club? Und wenn ja, welches Szenario würde Dich besonders reizen?

Beispiel: Der Sklavenhändler Vitus kehrt in der Villa Sexus ein und führt seine neuesten Erwerbungen vor. Leicht bekleidet oder nackt präsentiert er/sie wie ein Stück Fleisch und seine Gäste bieten auf die Sklaven/Sklavinnen. Respektlos wird im Beisein des Sklaven/der Sklavin darüber gesprochen, welche Aufgaben er/sie künftig für den neuen Eigentümer/die neue Eigentümerin verrichten muss oder für welche sexuellen Handlungen der Sklave/die Sklavin vorgesehen ist. Ebenso kann eine körperliche Untersuchung ohne die Einwilligung oder Beachtung des Sklaven/der Sklavin durchgeführt werden. Was immer Ihr für Ideen habt, teilt sie Eurem Partner mit und lebt sie aus.

ACHTUNG: Sprecht es nur im Vorfeld ab, was passieren darf und was nicht!

20. Würdest Du gern einmal Sex mit einem/einer wildfremden, maskierten Partner/in haben?

21. Warst Du schon einmal in einem Sexshop? Und wenn ja, hast Du etwas gekauft und was war es?

22. Magst Du Sexspielzeug? Und wenn ja, welche? Oder hast Du es noch nie getan und würdest gern einmal Sexspielzeug ausprobieren?

23. Möhre, Gurke und Co. Magst Du Lebensmittel ins Sexspiel mit einzubeziehen?

24. Magst Du erotische Literatur? Und wenn ja, welche Form? Liebesromane, Hardcore-Storys, Kurzgeschichten etc.

25. Würdest Du vielleicht gern selbst einmal eine erotische Geschichte schreiben? Wovon würde sie handeln?

26. Magst Du Tantra oder willst es gern einmal ausprobieren? Und wenn ja, würdest Du gern einen Kurs besuchen?

27. Würdest Du gern einmal ein erotisches Fotoshooting mitmachen? Alternativ könntest Du vielleicht als Aktmodell einem oder mehreren Malern/Zeichnern (m/w/d) zur Verfügung stehen wollen.

28. Versendest Du Nacktbilder von Dir?

ACHTUNG MÄNNER: Damit sind keine Schwanzfotos, sogenannte Dickpics gemeint!

29. Würde es Dich reizen, wenn Deine Nacktbilder in einem erotischen Magazin/Katalog erscheinen würden? Und wenn ja, stört Dich der Gedanke, jemandem als Masturbationsvorlage zu dienen? Oder reizt Dich der Gedanke sogar?

Beispiel: Du hast gerade einen gebrauchten Tag auf der Arbeit erwischt. Dann fällt Dir ein, dass irgendjemand gerade Dein Nacktbild betrachtet und sich vorstellt, Sex mit Dir zu haben. Er oder sie sitzt irgendwo auf der Welt und sehnt sich nach Deinem Körper. Könnte Dich das wieder fröhlich stimmen?

30. Magst Du Striptease? Und wenn ja, aktiv oder schaust Du lieber zu und lässt Dich verführen?

31. Hattest Du schon einmal Sex mit einem Menschen einer anderen Generation? Und wenn ja, warst Du deutlich jünger/älter oder Dein Partner/Deine Partnerin?

32. Hast Du schon einmal Sex mit jemandem gehabt als Gegenleistung für etwas? Oder würdest Du es gern einmal ausprobieren, jemandem für eine Gegenleistung sexuell zur Verfügung zu stehen? Und wenn ja, welche?

Beispiele: Dein Partner schlüpft in die Rolle des Vermieters/der Vermieterin. Du bist mittlerweile drei Monatsmieten im Rückstand und wirst unverzüglich auf die Straße gesetzt, wenn Du keine Teilzahlung leisten kannst. Daher bietest Du unterwürfig und voller Schamgefühl oder selbstbewusst und schamlos an, Deinem Vermieter oder Deiner Vermieterin sexuell gefällig zu sein.

ACHTUNG: Sprich mit Deinem Partner/Deiner Partnerin vorher ab, was geht und vor allem, wo Grenzen gesetzt sind.

33. Wie oft denkst Du am Tag bewusst an Sex? Und würdest Du zum Test einige Tage eine Strichliste führen und sie anschließend mit Deinem Partner/Deiner Partnerin vergleichen? Erklärung: Ihr könntet Eure Antworten, die ihr miteinander als auch mit Eurer Selbsteinschätzung vergleichen. Wie weit weichen Realität und Einschätzung voneinander ab.

34. Träumst Du nachts oft von Sex? Und wenn ja, was geschieht in Deinen Träumen?

35. Hast Du schon einmal einen FKK-Strand besucht oder in einer FKK-Ferienanlage Urlaub gemacht? Und wenn ja, wie war es für Dich? Hast Du Dich anfangs möglicherweise geschämt für Deinen Körper?

E Beziehung - Wie definierst Du Partnerschaft?

1. Bist Du lieber Single oder in einer Beziehung?

2. Kannst Du Dir vorstellen eine offene Beziehung zu führen oder hast es schon einmal erlebt? Und wenn ja, waren Deine Erfahrungen positiv?

3. Bist Du schon einmal fremdgegangen? Und wenn ja, hast Du es verschwiegen oder gebeichtet?

4. Ist Dir schon einmal ein Partner/eine Partnerin fremdgegangen? Und wenn ja, wie hast Du reagiert?

5. Würdest Du Deinem Partner/Deiner Partnerin einen Seitensprung verzeihen?

6. Bist Du eifersüchtig, wenn Dein Partner/Deine Partnerin mit anderen Menschen flirtet?

7. Umgekehrte Situation: Wie gehst Du mit der Eifersucht Deines Partners/Deiner Partnerin um?

8. Was unterscheidet Deinen Partner/Deine Partnerin von Menschen, die Du sexuell attraktiv findest?

9. Deine Gefühle für Deinen Partner/Deine Partnerin sind eingeschlafen. Hoffst Du darauf, dass die Liebe zurückkehrt oder ziehst Du sofort den Schlussstrich?

10. Was war Dein schönstes Sexerlebnis mit Deinem aktuellen Partner/Deiner aktuellen Partnerin?

11. Denkst Du, dass der Sex im Laufe einer Beziehung monoton wird? Wenn ja, hast Du dagegen gesteuert? Und wenn ja, warst Du damit erfolgreich?

12. Magst Du kleine Geheimnisse (beispielsweise die kleine Notlüge) haben oder hundertprozentige Ehrlichkeit?

ACHTUNG: Hier ist alles gemeint, was zu Eurem Alltag gehört. Die Empfindlichkeit, was der/die Einzelne als Notlüge wahrnimmt, ist zu individuell für eine pauschale Definition. Trotzdem hier ein Beispiel aus einer meiner eigenen Beziehungen: Du schaffst es nicht zu Hundert Prozent mit dem Rauchen aufzuhören und qualmst noch etwa alle paar Tage oder Wochen Mal die eine oder andere Zigarette. Dein Partner/Deine Partnerin hat Dich dabei einmal erwischt und einen Vortrag gehalten. Bei einem weiteren Mal hat er/sie es nicht einmal bemerkt? Beichtest Du oder behältst Du es für Dich, um Ruhe zu haben? Wichtig ist hier zu hinterfragen, ob Ihr Euere Beziehung mit hundertprozentiger Ehrlichkeit begonnen habt. Wurde es dann weniger, weil ein Partner immer völlig ausgeflippt ist, auch bei kleinen Fehlern? Wenn das nämlich der Fall ist, müsst Ihr tiefer gehen. Dieses Buch erst einmal beiseitelegen und miteinander sprechen, Euch wieder verbinden.

13. Sprichst Du mit Freunden über Sex? Stört es Dich oder würde es Dich stören, wenn Dein Partner/Deine Partnerin es täte?

14. Sprichst Du mit Fremden über Sex? Stört es Dich oder würde es Dich stören, wenn Dein Partner/Deine Partnerin es täte?

15. Magst Du es beim Sex dominant zu sein oder eher devot?

16. Magst Du Kuscheln oder ist Dir körperliche Nähe ohne Sex oder einen anderen wichtigen Grund suspekt?

17. Stehst Du auf einen Quickie zwischendurch?

18. Sex zum Frühstück oder mit dem Abendessen. Was gefällt Dir besser?

19. Sex nur am Wochenende: Einzig beruflich bedingte Notwendigkeit oder kriegst Du im Alltag einfach Deinen Kopf nicht frei?

20. Sex nach einem heftigen Streit: Nur körperliche Reaktion oder echtes Vergnügen für Dich? Fühlst Du Dich Deinem/Deiner Partnerin anschließend wieder näher?

21. Sind Lust und Liebe untrennbar miteinander verbunden oder siehst Du sie als separate Begriffe stehen? Soll heißen, kannst Du Sex mit jemandem haben, für den Du keine Gefühle hast?

22. Magst Du Telefonsex/Videofonsex? Vielleicht, wenn Du beruflich unterwegs bist oder Dein Partner/ Deine Partnerin.

23. Bist Du eher verführerisch oder lässt Du Dich lieber verführen? ACHTUNG: Die Frage zielt nicht ausschließlich auf Sex ab. Es kann auch um gemeinsame Freizeitgestaltung gehen.

24. Wie groß darf der Altersunterschied für Dich bei einem Paar sein?

25. Glaubst Du an die Liebe auf den ersten Blick? Hast Du es vielleicht schon einmal selbst erlebt?

26. Achtung inkompatibel: Hat Dir schon einmal ein Partner/eine Partnerin die Ausübung einer Sexualpraktik vorgeschlagen, die Du vollkommen ablehnst?

27. Ein Streit zwischen Deinem Partner/Deiner Partnerin und Deinem besten Freund/Deiner besten Freundin bricht vom Zaun. Wie verhältst Du Dich? Beispiel: Ergreifst Du die Partei, die Deiner Meinung nach im Recht ist oder versuchst Du zu schlichten?

F Grenzen - Wo hört der Spaß auf?

1. Sex mit Schmerzen und Gewalt. Eine Verlockung für Dich oder abstoßend in Deinen Augen?

2. Eine Zweckheirat beispielsweise aus steuerlichen Gründen. Siehst Du das als verwerflich oder gar Blasphemie an oder kannst Du Dir das für Dich auch vorstellen?

3. Mann: Dein bester Freund ist eine Frau oder homosexuell. Empfindest Du es als verwerflich, mit ihm/ihr in den Urlaub zu fahren, wenn Du in einer Beziehung bist? Und etwas pikanter: Du hattest mindestens einmal Sex mit ihm/ihr.

Frau: Dieselbe Situation umgekehrt.

4. Würdest Du Dich schuldig fühlen, wenn Dein Partner/Deine Partnerin verheiratet wäre?

5. Denkst Du, dass jemand, der einmal fremdgegangen ist, das wieder tun wird? Auch bei einem neuen Partner oder einer neuen Partnerin?

6. Wenn Du Dich in Deiner Beziehung kurzfristig in eine andere Person verguckt hast und Du innerlich für diese (kurzfristig) schwärmt, beichtest Du dies Deinem Partner/Deiner Partnerin?

Beispiel: Damit ist die Bedienung an der örtlichen Tankstelle oder jemand auf der Arbeit gemeint. Sprich, jemand real greifbares und erreichbares. Es geht nicht um eine fiktive/reale Fernsehfigur.

7. Der beste Freund/Die beste Freundin Deines Partners/Deiner Partnerin geht fremd und Du kriegst Wind davon.

Alternative: Dein bester Freund/Deine beste Freundin geht fremd. Greifst Du ein oder geht es Dich nichts an?

8. Ein Mann mit vielen verschiedenen Sexualpartnerinnen wird als Casanova bezeichnet. Umgekehrt ist eine Frau mit vielen Sexualpartnern eine Schlampe.

Ist das für Dich nur ein Klischee und gehört in die (chauvinistische) Steinzeit oder siehst Du das ebenso?

9. Denkst Du eine/n Stripper/in gehört zu einem Junggesellen-/Junggesellinnenabschied dazu oder ist das nur Hollywood-Klischee?

10. Ist es für Dich in Ordnung, wenn der Bräutigam/die Braut am Junggesellen-/Junggesellinnenabschied "ein letztes Mal" Sex mit einem anderen Menschen als dem/der zukünftigen Ehepartner/in hat?

11. Ein Seitensprung unter Alkoholeinfluss. Macht es die Sache schlimmer oder stellt es eine (gute) Erklärung für Dich dar? Könntest Du einen Seitensprung eher verzeihen?

12. HIV-Test vor dem ersten Sex mit einem/einer neuen Partner/in. Richtig und wichtig oder zu vernachlässigen?

13. Ist Pinkeln vor dem Partner in Ordnung für Dich oder abstoßend?

14. Das große Geschäft: Vielen Menschen ist es peinlich, auf dem Klo eines/r neuen Partner/in das große Geschäft zu erledigen. Vor allem, wenn es sich um eine kleine Single-Wohnung handelt, wo jeder Ton gut hörbar ist. Von dem Geruch mal ganz abgesehen. Findest Du es nur natürlich, bei Deinem/Deiner neuen Partner/in auf die Toilette zu gehen und das große Geschäft zu erledigen?

15. Sprichst Du mit Deinem besten Freund/Deiner besten Freundin über einen Streit zwischen Dir und Deinem Partner/Deiner Partnerin? Und stört es Dich, wenn Dein Partner/Deine Partnerin dasselbe macht?

16. Sex für die Karriere: Moralisch verwerflich oder sogar anregend. Welche Meinung vertrittst Du? Hast Du Dich schon einmal nach oben geschlafen? War die Person attraktiv und Du oder Ihr beide zu dem Zeitpunkt Single? Oder war zumindest eine/r von Euch zu dem Zeitpunkt liiert?

17. Wie ist Deine Meinung zum Frauenversteher, der die jeweilige Dame nur ins Bett kriegen möchte?

18. Wie stehst Du zu Frauen, die sich einen Drink spendieren lassen, ohne Interesse an dem Mann zu haben?

19. Sollte bei einem heterosexuellen Date der Mann bezahlen? Oder ist Dir das zu altmodisch?

20. Eine sexy gekleidete Frau wird sexuell belästigt. Ist das ihre eigene Schuld?

ACHTUNG: Kontroversen sind vorprogrammiert.

21. Du siehst ein Paar auf der Straße und der Mann ist deutlich älter, die Frau mutmaßlich noch minderjährig. Reagierst Du empört und sagst möglicherweise etwas oder lässt Dich die Sache kalt?

22. Du hast Lust auf Sex, Dein Partner/Deine Partnerin jedoch nicht. Versuchst Du ihn/sie zu verführen oder akzeptierst Du das Nein?

23. Könntest Du mit Deinem Ex-Partner/Deiner Ex-Partnerin befreundet sein?

24. Nehmen wir die Situation einfach an und Du bist mit Deinem Ex-Partner/Deiner Ex-Partnerin noch immer oder wieder befreundet. Seine/Ihre Untreue hat zur Trennung geführt und der neue Partner/die neue Partnerin von ihm/ihr fragt nach dem Trennungsgrund. Bist Du ehrlich oder erzählst Du eine Notlüge?

25. Du bist in einer Beziehung. Schaust Du Dir (weiterhin) Pornos an?

26. Behältst Du Geschenke von Deinem/Deiner Ex auch dann, wenn Du in einer neuen Beziehung steckst?

27. Thema Abtreibung: Trifft die Frau die Entscheidung, ob bekommen oder Abtreiben allein oder sollte das für Dich gemeinsam entschieden werden?

Beispiele:

Eine Schwangerschaft nach einem One-Night-Stand.

Eine Schwangerschaft bei einer Jugendlichen.

Eine Schwangerschaft bei einer Frau, die kurz vor den Wechseljahren steht.

28. Welche Strafe findest Du für Sexualstraftäter (mögliche Unterscheidungen: Vergewaltigung einer volljährigen Person als Einzeltäter oder Gruppe; Kindesmissbrauch) angemessen?

Beispiel: Zwangskastration, Sicherungsverwahrung

ACHTUNG: Hier kann es zu heftigen Kontroversen kommen. Deshalb wählt den Zeitpunkt für diese Frage gut!

Du stehst auf erotische Literatur? Knisternde Erotik, lebendige Dialoge als wenn Du dabei wärst, sind genau Dein Ding? Dann wirf einen Blick in meine Literatursammlung:

https://www.sexypedia.kim/literatur/